DISCOURS

Prononcé par le C.en LANGLOIS, *Président de l'Administration Centrale du Département de l'Eure, à la Fête du 2 Pluviôse an 7, jour anniversaire de la juste punition du dernier Roi des Français. Suivi d'une Hymne & d'une pièce de Vers, analogues à la Fête.*

DISCOURS

Prononcé par le C.en Langlois, Président de l'Administration Centrale du Département de l'Eure, à la Fête du 2 Pluviôse an 7, jour anniversaire de la juste punition du dernier Roi des Français.

Citoyens,

Au moment où nous commencions à concevoir les plus flatteuses espérances, où la République triomphante de tous ses ennemis achevait à Rastad le grand œuvre de la paix du continent, où enfin tout semblait nous promettre le plus heureux avenir ; la mauvaise foi & la trahison nous préparaient de nouveaux dangers. Des rois violateurs de la foi jurée, ont rompu les traités par lesquels nous leur avions accordé la paix, & leurs mains sanguinaires ont r'ouvert le temple de la guerre. Le gouvernement d'Angleterre poursuivant le cours de ses perfidies, emploie toutes les ressources que lui peut suggérer son génie atroce, pour retarder sa chute inévitable ; tandis qu'il arme contre nous les barbares du Nord & les stupides esclaves du tyran de la Turquie, il vomit sur nos côtes, avec les émigrés & les prêtres rébelles, tous les élémens de la guerre civile, & son or corrupteur continue d'alimenter au milieu de nous les factions qui nous déchirent. Fidèles au serment qui les unit à nos ennemis, le royalisme & le fanatisme, qui se font d'ailleurs un jeu des sermens les plus sacrés, parcourent nos villes & nos campagnes, en secouant par tout leurs torches incendiaires, & ils organisent de nouveau le brigandage & l'assassinat. L'anarchie de son côté sourit à leurs cruelles entreprises, & soulevant sa tête hideuse, elle espère, à la faveur des désordres qu'ils préparent, pouvoir sortir bientôt de l'antre où nous la tenons enchaînée. Tous nos ennemis s'agitent de toutes parts, & leurs sinistres cris nous annoncent le retour de la tempête. Préparons-nous à soutenir ses efforts.

Le danger qui nous menace nous eſt commun à tous ; il faut auſſi que notre défenſe ſoit commune. Pourroit-il y avoir encore diverſité d'opinion entre nous, lorſqu'il ne s'agit de rien moins que de notre liberté & de notre exiſtence ? Non, nous n'offrirons pas à ceux qui ont juré notre perte, le ſuccès qu'ils ne peuvent eſpérer que de nos diviſions ; & nous triompherons encore de toutes leurs attaques, en nous réuniſſant tous autour de la Conſtitution, qui fait notre force. La loi nous donne aujourd'hui le moyen d'opérer cette réunion ſalutaire par le ſerment qu'elle exige de nous ; elle ne le demande qu'aux fonctionnaires publics, parce que ce ſont eux ſur-tout dont la fidélité peut plus que toute autre choſe aſſurer le bonheur de la République. Mais quel eſt le Français qui ne s'empreſſera pas de ſuivre leur exemple, lorſqu'il ſera convaincu que ce ſerment eſt le garant le plus ſûr du ſalut de ſa Patrie ; & quel eſt celui qui après l'avoir prété pourrait ne pas y reſter fidèle, lorſqu'il réfléchira ſur tous les maux qui ſeraient la ſuite inévitable de ſon parjure ?

C'eſt pour faire naître dans nos eſprits ces utiles réflexions, que nos Légiſlateurs ont choiſi, pour la preſtation du ſerment, l'anniverſaire du jour où le dernier de nos rois reçut la juste punition de ses parjures, & en cela ils ont moins voulu nous effrayer par la crainte du châtiment, que nous inspirer une sainte horreur pour le crime qui l'avait mérité. Pour remplir leurs intentions, nous vous montrerons, dans la résistance de Louis XVI à la volonté Nationale, & dans ses nombreux parjures, la cause principale des malheurs qui ont accompagné notre révolution ; & lorsque nous vous aurons prouvé cette vérité par des faits qui sont encore présens à votre mémoire, il nous sera facile de vous convaincre que l'unique moyen de prévenir le retour de semblables malheurs, est de nous unir tous ensemble par les liens d'un serment qui doit faire de nous tous un faisceau indissoluble à tous les efforts de nos ennemis, & d'en remplir toutes les dispositions avec la plus religieuse fidélité.

En parlant des maux de notre Patrie, nous allons r'ouvrir des plaies encore récentes. Nous allons renouveller des douleurs que le tems n'a pas encore assoupies. Cette tâche est pénible, mais elle est nécessaire ; & si nous pouvons convaincre ceux de nos concitoyens qui se sont trouvés froissés dans les mouvemens révolutionnaires qu'ils ne doivent qu'aux parjures de Louis XVI, tous les maux dont ils ont été les victimes, nous aurons la satisfaction de voir tous les ressentimens & toutes les haînes se réunir contre l'unique objet qui les mérite, & nous aurons fait tourner au profit de la société ces mêmes ressentimens qui l'ont remplie jusqu'à présent de troubles & de divisions. Tel est le but de notre entreprise. Puissions-nous être assez heureux pour y réussir !

Ennemis de la Révolution, vous lui reprochez sans cesse tous les malheurs dont elle a été l'occasion. L'humanité seule semble dicter vos plaintes ; & vous accusez de barbarie ceux qui ne participent pas à vos déclamations ! C'est ainsi que vous injuriez gratuitement des hommes aussi sensibles que vous (car nous supposons vos pleurs sincères) ; mais qui ne croyent pas devoir, par leurs plaintes indiscrettes sur les malheurs passés, en attirer de nouveaux. Croyez-vous que nous ayons oublié plus que vous les maux que nous avons soufferts ? Non ; ils seront toujours présens pour nous, ces tems affreux de la discorde, où la France ressemblait à une mer agitée par des tempêtes continuelles, où toutes les passions déchaînées se combattaient l'une l'autre avec une égale fureur, où la justice & l'humanité gémissaient écrasées sous les pieds du plus insolent despotisme, où enfin l'homme rougiſſait d'être homme, en voyant les excès auxquels ſe portoient des monſtres avec leſquels il lui fallait partager la qualité d'homme. Nous ne les oublierons jamais, ces jours de la plus horrible anarchie, où plutôt cette nuit longue & déſaſtreuſe pendant laquelle le vaiſſeau de l'état, voguant au haſard ſur un océan enſanglanté, était à chaque inſtant menacé du naufrage le plus déplorable. Le gouffre dévorateur de la Vendée ne ſe fermera jamais pour notre ſouvenir, & notre penſée ſe portera toujours avec le ſentiment le plus pénible ſur les tombeaux de nos malheureux frères égorgés les uns par les autres. Nos frontières couvertes d'oſſemens nous rappelleront ſans ceſſe que pluſieurs milliers d'hommes ont trouvé dans la guerre actuelle la fin de leur exiſtence, & ce ſpectacle affreux nous entretiendra continuellement du ſouvenir de nos pertes. Nous gémiſſons comme vous ſur ces événemens qui ont couvert notre Patrie de déſolation & de deuil, & pour être moins bruyans que les vôtres, nos gémiſſemens n'en ſont pas ſans doute moins ſincères. Mais le ſentiment de nos maux ne nous rendra pas injuſtes au point d'en accuſer la Révolution, qui n'a jamais eu d'autre but, au contraire, que de faire notre bonheur. Nous souléverons le voile funèbre qui couvre ces événemens horribles, & nous n'aurons pas de peine à découvrir leur véritable auteur. Suivez-nous dans l'examen des faits que nous allons parcourir, & vous y reconnoîtrez que la cause des horreurs que nous déplorons est dans la résistance opiniâtre qu'ont opposée à la Révolution ceux qui vivaient des abus qu'elle devait détruire, & sur-tout dans la mauvaise foi d'un Roi dont elle avait diminué la puissance arbitraire pour ne lui laisser qu'une autorité subordonnée aux lois.

Les Nobles & les Prêtres ont fait tous leurs efforts pour l'arrêter dans son cours, cette Révolution qui devait leur enlever leurs injustes priviléges & leurs insolentes prérogatives. Leur orgueil & leur avarice ont, dès le commencement, contrarié la volonté d'un peuple qui cherchoit à rentrer dans les droits imprescriptibles dont ils le tenaient privé depuis une infinité de siècles, & c'est du choc de leurs intérêts particuliers avec l'intérêt général que sont jaillis nos malheurs. Mais si celui que la Nation avoit revêtu de toute l'autorité nécessaire pour faire exécuter les lois & réprimer toutes les résistances, eut voulu s'en servir avec la loyauté que lui prescrivaient le devoir & la reconnoissance, la mauvaise volonté de deux castes indociles n'auroit produit aucun effet fâcheux pour la nation entière. Malheureusement la franchise & la loyauté ne sont pas les vertus favorites des Rois.

Lorsqu'au 14 Juillet 1789, Louis se vit obligé de céder à la force irrésistible d'un peuple entier qui réclamait à haute voix sa souveraineté usurpée, il sut renfermer au fond de son cœur tous les mouvemens qui l'agitaient. Habile à cacher ses véritables sentimens, il reçut le signe de la Liberté & parut s'en décorer avec plaisir; il prit en même tems l'engagement de la défendre de tout son pouvoir. Le peuple fut dupe de sa feinte résignation & lui rendit toute sa confiance. Mais ses tyrans subalternes, plus accoutumés aux mensonges des cours, ne se laissèrent pas tromper par ces fausses apparences; ils lurent à découvert dans le cœur du perfide monarque, & ils y reconnurent la regle qu'ils devaient prendre pour leur conduite. Les uns profitant de l'ascendant que l'habitude & l'irréflexion leur avoient donné sur les esprits, soufflèrent partout le feu de la révolte; les autres, plus fougueux, furent répandre dans toutes les parties de l'Europe la rage qui les dévorait, & armèrent tous les rois contre leur patrie. Cependant pour qu'aucun d'eux ne put douter de son approbation, Louis affectait de ne s'environner que des mécontens, & de ne se servir que des prêtres qui avaient fait preuve de leur haine contre les nouvelles lois en refusant de s'y soumettre.

Une circonstance se présenta où il put hautement manifester ses véritables intentions : ce fut celle où la plus grande partie des Rois de l'Europe conclurent ce fameux traité de Pilnitz par lequel ils s'engageaient à lui faire restituer son ancienne puissance. Il devait saisir ce moment pour se prononcer en faveur de la liberté nationale, & témoigner la ferme résolution où il était de remplir le serment qu'il avait fait de la maintenir de tout son pouvoir. Mais il choisit au contraire cet instant pour se dérober à ses obligations ; & pour qu'il ne put pas rester le moindre doute sur les projets qu'il avait si bien cachés jusqu'alors, il désigna pour sa retraite un lieu où il fut à portée de s'environner des forces de nos ennemis. Pourquoi faut-il qu'il ait été arrêté dans l'exécution de ce complot exécrable ? Par quelle fatalité ce même peuple qu'il abandonnoit aussi lâchement fut-il le chercher pour le ramener sur son trône ? Que de malheurs il eut évités, si, profitant de l'abdication volontaire d'un perfide qui abufoit auffi indignement de fa confiance, il eut déclaré qu'aucun homme ne s'affeoirait plus déformais fur ce trône refté vacant, & eut profcrit la royauté pour toujours. Mais la leçon qu'il venoit de recevoir n'était pas affez forte; il fallait, pour le corriger entièrement, qu'il éprouvât tout ce que la trahifon & la duplicité d'un roi peuvent occafionner de malheurs pour les peuples.

Louis fut ramené de Varennes au milieu d'un peuple indigné de fon ingratitude. On femblait reconnaître qu'il n'était plus poffible de fe fier à la parole d'un homme qui venait de manquer d'une manière auffi frappante à fes premiers fermens; & cependant, au bout de quelques mois, on lui rendit toute fon autorité. On crut avoir fait beaucoup que d'en avoir obtenu le ferment qu'il ne s'en fervirait que pour le maintien de la Conftitution qu'on lui avait fait accepter. Comme fi celui qui n'avait pas craint de trahir fes obligations précédentes, devait refpecter avec un fcrupule plus religieux celles qu'on lui faifait contracter de nouveau. Il fut cacher encore une fois fes vues fecrettes fous fa diffimulation ordinaire, mais de manière cependant qu'elles purent paraître aux yeux de ceux qui avaient intérêt à les pénétrer. Au bon accueil qu'il continuait de faire à tous les mécontens, ils ne tardèrent pas à reconnaître que ce n'était qu'à regret qu'il avoit prêté des fermens qu'il démentait par toutes fes actions. Alors l'émigration devint plus fréquente qu'auparavant, & les complots fe formèrent dans l'intérieur avec plus d'audace que jamais. L'incendie s'allumait de toutes parts, & les proclamations royales, bien loin de l'éteindre, femblaient lui fournir un nouvel aliment. Il ne manquait plus au triomphe de Louis & de fes partifans, que de voir entrer les ennemis fur notre territoire. Ils eurent l'audace d'effectuer cette facrilége entreprife...... Mais elle fut pour la royauté l'arrêt de fa mort !

Affurés des fuccès qui leur avaient été préparés, ils ne craignirent pas de faire connaître la main qui les avait introduits. Ils s'annoncèrent hautement pour les défenfeurs de Louis, & ils apprirent ainfi à la nation entière que celui-là feul qui avait le plus grand intérêt à leur fuccès était celui qui avait mendié leur fecours. Ce dernier trait, en dévoilant tous les fecrets du perfide, fauva la Patrie. Le peuple outré de la plus jufte indignation, & ne prenant confeil que de fon courage, jura de nouveau de vivre libre ou de périr, & ce ferment fut en même tems le fignal de la chute du trône, de la naiffance de la République, & de la fuite des téméraires qui avaient ofé fouiller le fol Français par leur odieufe préfence. Telle fut la fin des perfidies d'un homme qui ne s'était fervi de la confiance dont l'avait revêtu un peuple trop crédule que pour conjurer fa ruine. Il fut arrêté dans le cours de fes trahifons, mais les maux qu'il avait préparés lui furvécurent, & ceux que nous fouffrons encore font eux-mêmes les fuites de fon parjure.

Les complots qui s'étaient formés fous fes aufpices, & fur-tout la guerre qu'il avait allumée, plongèrent notre patrie dans un abîme de malheurs. La France entière devînt une arêne où toutes les factions qui étaient nées du cadavre de la royauté, fe battirent avec l'acharnement le plus meurtrier. Les intrigans de tous les partis, ceux qui defiroient ramener l'ancien defpotifme, & ceux qui vouloient s'approprier fes dépouilles, fe livrèrent entr'eux les plus terribles combats. Chacun de leurs triomphes était le fignal de nouvelles vengeances. La terre fut rougie tour-à-tour du fang des vainqueurs & des vaincus. Heureux cependant s'ils n'euffent exercé que contre eux-mêmes leur rage impitoyable. L'humanité aurait eu a gémir ſans doute, mais la Liberté aurait profité de leurs mutuelles défaites. Et ce fut au contraire contre ſes plus ſincères amis que ſe dirigèrent principalement leurs coups homicides. Proſcrits tour-à-tour par l'anarchie & le royaliſme, ils furent continuellement les victimes de la terreur par laquelle chacune de ces factions voulut établir ſon empire. Notre malheureuſe Patrie était devenue la proie des paſſions les plus fougueuſes & les plus exterminatrices. Tandis que la guerre extérieure déſolait nos frontières, la guerre civile exerçait au dedans les plus horribles ravages; la famine organiſée par l'infernal génie de la contre-révolution dépeuplait tous nos Départemens, & la Nation était menacée de ſa deſtruction totale. Ces maux affreux, dont le reſſentiment entretient encore au milieu de nous les haînes & les diviſions qui nous déchirent, furent l'ouvrage de Louis, c'eſt à ſon parjure ſeul que nous devons les attribuer.

Vous ne nous en impoſerez plus par les larmes hypocrites que vous ne ceſſez de verſer ſur ſon ſort, ô vous qui, pour nous prouver ſon innocence & ſa bonne foi, nous vantez continuellement la fidélité ſcrupuleuſe avec laquelle vous prétendez qu'il exécutait la Conſtitution, & le ſoin affecté qu'il prenait de ne s'écarter jamais d'aucunes de ſes diſpoſitions littérales. Eternels artiſans de diſcordes, vous vous êtes ôtés vous-mêmes ce moyen de voiler ſa duplicité ; ils ont pu vous ſervir, avant le 18 Fructidor, ces piéges que vous tendiez à la crédulité de vos concitoyens, mais vous les avez vous-mêmes briſés, & vous avez détruit le preſtige dont vous aviez faciné les yeux de ceux qui avaient eu le malheur de vous donner leur confiance. Et vous auſſi vous étiez les plus exacts obſervateurs de la Conſtitution ; vous en connaiſſiez tous les articles, & toutes vos démarches paraiſſaient guidés par ſes principes ; mais vous en aviez calculé toutes les diſpoſitions ; celles qui pouvaient couvrir vos projets patricides étaient par vous prônées avec emphaſe, & vous interprétiez de la manière la plus favorable celles qui pouvaient vous contrarier. Perfides, vous cherchiez à endormir par vos careſſes votre ennemi le plus redoutable, & vous n'attendiez que ce moment pour le déchirer avec plus de ſûreté ; mais le génie de la liberté veillait ſur la République ; à l'inſtant même où vous vous apprêtiez à frapper il a arraché de vos mains les poignards dont elles étaient armées. Et c'eſt vous qui voudriez après cela nous vanter la bonne foi de Louis ; vous dont la conduite aſtucieuſe a ſuffi pour lever tous les doutes qui avaient pu reſter juſqu'alors dans l'eſprit de ceux que vous aviez trompés. Qui peut ignorer encore que votre hypocriſie fut la ſienne & que les moyens dont vous vous êtes ſervis ſont ceux qu'il avait employés avant vous ? Vos complots ſacriléges nous ont du moins procuré cet avantage qu'ils ont éclairé les moins clairvoyans ſur les complots de Louis, & par là, contre votre intention, vous avez enlevé du milieu de nous un grand ſujet de diſcorde. Quel eſt en effet l'homme raiſonnable qui en rappellant à ſa mémoire la conduite qu'il a tenue, & en la comparant avec ſes proteſtations d'attachement à la Conſtitution, ne demeure convaincu que ſes proteſtations n'étaient qu'un voile perfide dont il croyait néceſſaire de couvrir ſa trahiſon pour en aſſurer le ſuccès.

Si par ſa mauvaiſe foi, dira-t-il, il n'eut pas engagé tous les rois de l'Europe à nous déclarer la guerre, lequel d'entr'eux eut été aſſez extravagant pour vouloir le forcer, malgré lui, à redonner des fers à un peuple dont il avait juré de maintenir la Liberté ? Si on eut pu le croire ſincère dans ſes proclamations contre les émigrés, ceux qui étaient déjà sortis du territoire Français ne se seraient-ils pas empressés d'y rentrer, & ceux qui n'en étaient pas encore sortis auraient-ils cru en le quittant lui donner une preuve de leur fidélité? S'il n'eut pas accueilli les prêtres rebelles, s'il ne leur avait pas offert un asile à côté de son trône, auraient-ils osé jetter en son nom, dans tous nos Départemens, les brandons de la guerre civile? Si enfin il se fut servi de tout son pouvoir pour réprimer tous les malveillans & enchaîner tous les complots, la paix intérieure aurait-elle jamais été troublée & n'aurait-il pas arrêté par la force ceux que la raison n'aurait pas pu gagner? Non, il n'était pas de bonne foi, puisqu'au lieu de repousser les offres outrageantes que les autres rois lui avaient faites à Pilnitz, il abandonna son peuple pour aller se jetter dans leurs bras; il n'était pas de bonne foi puisque lorsque ces mêmes rois entrerent sur le territoire Français, en annonçant qu'ils étaient armés pour sa défense, il ne les démentit pas hautement & avoua par son silence qu'il avait mendié leur protection; il n'était pas de bonne foi puisque tous les ennemis de la Liberté nationale trouvaient auprès de lui un réfuge assuré, & que par la faveur dont il les couvrait il manifestait de la manière la plus évidente & la haîne que, malgré ses sermens, il conservait contre la révolution, & ses vœux secrets pour le rétablissement de son ancienne tyrannie.

Victimes des mouvemens révolutionnaires, malheureuses familles, que les violences des factions ou les fureurs de la guerre ont privées de quelques-uns de vos membres, pères, mères, enfans, époux infortunés, & vous tous qui gémissez tous les jours sur les pertes que vous avez éprouvées, voilà celui sur lequel doivent se porter tous vos ressentimens. Cessez de chercher ailleurs la cause des maux que vous avez soufferts & que vous souffrez encore, elle est uniquement dans le parjure de Louis; sans ce parjure la Révolution que vous accusez de vos malheurs se serait écoulée tranquillement en entraînant avec elle tous les abus qu'elle était destinée à détruire. Sans lui, les nuages auraient passé rapidement sur nos têtes en emportant l'orage loin de nous, les troubles de l'intérieur auraient été promptement appaisés, & nous n'aurions pas cessé de jouir de la paix avec toutes les nations de l'Europe. Il a été la source de nos divisions, & ce sont ses divisions qui sont encore les espérances de nos ennemis; détruisons-les ces cruelles espérances en nous réunissant tous dans les mêmes sentimens. Puissions-nous, en reconnaissant la véritable cause de nos maux, prendre tous la ferme résolution d'en prévenir le retour ; puissent les souvenirs que nous venons de retracer ne laisser dans nos cœurs d'autre sentiment que l'horreur pour le parjure ! Ce sentiment que notre mémoire & notre raison doivent entretenir éternellement nous avertira sans cesse que le seul moyen d'assurer le bonheur de notre Patrie & notre propre félicité, est de remplir nos sermens avec le respect le plus religieux. Les faits dont nous venons de vous entretenir suffisent sans doute pour rendre cette vérité incontestable, mais les réflexions que nous allons y ajouter ne pourront qu'augmenter encore notre conviction & nous engager de plus en plus à regarder toujours la fidélité à nos sermens comme la plus sainte & en même tems la plus douce de nos obligations.

Les parjures de Louis ont formé ces orages terribles qui ont porté sur toutes les parties de la France la désolation & la mort, mais ceux d'entre nous qui pourraient se rendre coupables d'un crime aussi excécrable porteraient à leur Patrie un coup encore plus funeste. Louis, il est vrai, appella contre nous la guerre & toutes ſes horreurs, mais malgré les maux qu'elle nous a fait ſouffrir, la guerre a été pour le peuple Français l'occaſion de ſa gloire & de ſa puiſſance. C'eſt elle qui lui a donné le ſecret de ſes forces & qui lui a appris ce que pouvait un peuple qui voulait ſincèrement être libre; c'eſt elle qui a valu à ſes braves armées le titre d'invincibles, & à lui la gloire d'être aux yeux même des autres nations la plus grande nation de la terre; c'eſt par elle enfin, & cet eſpoir flatteur eſt bien fait pour conſoler l'humanité, c'eſt par elle que ſe réaliſera ce projet de paix perpétuelle qui, depuis le bon Abbé de St.-Pierre, eſt l'objet des vœux de tous les hommes de bien. Les rois en nous faiſant cette guerre injuſte ont commis un crime horrible envers le genre humain, mais contre leur intention cependant ils lui ont préparé le plus grand des biens qu'il ait jamais pu déſirer. Déjà nous voyons ſe former la ligue Européenne. Bientôt cette balance ſi vantée, qui perdait à chaque inſtant ſon équilibre & qui ne pouvait la reprendre que par une nouvelle effuſion de ſang, aura été remplacée par un ſiſtême plus conforme à la raiſon & à la nature; bientôt, malgré les réſiſtances que quelques rois oppoſent encore au bonheur de l'humanité, nous verrons tous les peuples réunis pour former tous ensemble la garantie de leurs droits & de leur tranquillité. Ce sont là les biens immenses que nous pouvons espérer & du crime des rois & de la guerre impie qu'ils nous ont déclarée ; mais si de nouveaux parjures nous replongeaient dans de nouveaux malheurs , ils seraient d'autant plus affreux que nous n'aurions jamais l'espoir d'en sortir.

Si jamais, ce qui est impossible , le peuple Français oubliait ses sermens , il deviendrait le peuple le plus malheureux de la terre. Après avoir, par les plus grands sacrifices & les efforts les plus pénibles , amassé les matériaux de la prospérité la plus durable , & préparé le bonheur éternel de l'humanité entière , il se précipiterait lui-même dans le plus profond abîme; après avoir mérité l'admiration des autres peuples , il en deviendrait le plus méprisable & le plus méprisé. Ses ennemis qui tremblent aujourd'hui devant lui , lui feraient payer cher tous les coups qu'il a portés à leur orgueil ; ils s'empareraient de son territoire & se le partageraient comme une autre Pologne ; le pillage de nos propriétés ne serait à leurs yeux que la juste indemnité des frais qu'ils auraient faits en faveur de nos anciens tyrans. Ceux-ci rentrés dans la plénitude de leurs prétendus droits ne trouveraient pas de chaînes assez pesantes pour assurer notre servitude, & ils iraient chercher jusqu'au fond de nos cœurs le désir de briser une seconde fois nos fers pour l'étouffer sous les plus cruels tourmens.

Tel serait le déplorable effet de nos parjures. Ils le savent bien, les cruels; & c'est pour cela qu'ils employent les ruses les plus perfides pour nous détacher de la fidélité que nous devons à nos sermens. C'est pour cela qu'ils ne cessent d'entretenir au milieu de nous le désordre & la division; c'est pour cela que leurs vils émissaires ne cessent de calomnier la Révolution & d'accuser la Liberté des maux que nous avons soufferts. Ils cherchent à porter dans nos ames le découragement & le dégoût; mais ils auront beau faire, ils ne nous rendront jamais parjures; il sera toujours gravé dans nos cœurs, en caractères ineffaçables, ce serment qui se fit entendre dans toute la France, au moment où le bruit de la chûte de la bastille apprit à tous les Français qu'ils venaient de conquérir leur liberté. *Vivre libre ou mourir* : sera notre éternelle devise, & nous périrons plutôt que de ne pas y rester fidèles.

Ce n'est que parce qu'il était convaincu que

la conſtitution de 1791 pouvait aſſurer l'exécution de ſon ſerment que le peuple Français l'avait adoptée ; mais auſſitôt que la perfidie de ſon roi lui eut ouvert les yeux , ſur l'erreur dans laquelle il avait été entraîné , auſſitôt qu'il eut reconnu que la royauté & la Liberté étaient incompatibles, il s'empreſſa de rejetter loin de lui une Conſtitution qui le ramenait à ſon ancien eſclavage , & il y ſubſtitua le Gouvernement Républicain , le ſeul ſous lequel il ſoit poſſible d'être libre. C'eſt avec les mêmes intentions que nos Légiſlateurs en rédigeant la formule du ſerment de fidélité à la République, y ont compris celui de haîne à la royauté & à l'anarchie. En effet ſi l'une eſt incompatible avec la Liberté, l'autre n'en eſt pas moins l'ennemie, puiſqu'elle l'eſt de tout ordre ſocial.

Il n'eſt aucun de nous, ſans doute , qui ne prête avec joie un ſerment dont toutes les diſpoſitions tendent à aſſurer notre liberté & notre bonheur. Il nous oblige à haïr la royauté ; hé, qui de nous avait beſoin de cette obligation pour lui vouer toute l'exécration qu'elle mérite ? Qui de nous ſerait aſſez l'ennemi de ſa patrie pour déſirer le retour d'un monſtre qui, depuis quatorze ſiecles, la tenait plongée dans un abîme de ſang & de corruption? Combien de fois n'avons-nous pas frémi d'horreur en parcourant la dégoûtante hiſtoire des crimes dont s'eſt ſouillée la royauté, pendant ſa trop longue exiſtence ; & quand même quelqu'un de nous aurait pu les oublier, le parjure de Louis ne les aurait-il pas tous rappelés à ſa mémoire ? Non, il n'était pas néceſſaire que la loi interpoſât ſon autorité pour nous inſpirer un ſentiment qui, depuis long-tems était dans nos cœurs. Avant qu'elle nous en eut fait un devoir, la nature nous en avait fait une vertu ; & celui qui pourrait ne pas remplir avec joie cette partie de ſes ſermens ferait le plus inſenſé des hommes, s'il n'en était pas le plus barbare.

Le même ſerment nous impoſe encore l'obligation de haïr l'anarchie. Cette attention de nos Légiſlateurs à écarter de nous tout ce qui peut nuire à notre bonheur eſt une nouvelle preuve de l'intérêt qu'ils y prennent; mais ſerait-il donc vrai que leurs inquiétudes fuſſent encore fondées ? Serait-il vrai que la furie qui a couvert notre patrie de ſang, de carnage & de ruines, trouvât encore parmi nous des partiſans ? Non, nous ne pouvons le croire ; notre imagination ſe refuſe à l'idée de voir ſe renouveller les ſcenes atroces dont nous avons été les témoins & les victimes. Mais ſi ce monſtre pouvait encore chercher à briser ses chaînes, s'il méditait de nouvelles horreurs, qui de nous ne s'armerait pas contre lui ? Qui de nous ne voudrait pas contribuer à le précipiter pour jamais dans les enfers, qui ne l'avaient vômi sur notre sol que pour venger la royauté.

Mais ce n'était pas assez de nous avoir signalé les objets de notre haîne, il fallait encore que nos Législateurs nous assurassent les moyens de repousser leurs atteintes ; c'est ce qu'ils ont fait en nous liant par la foi du serment à la République & à la Constitution de l'an 3. Ils ont voulu que cette Constitution sage, qui est également éloignée du despotisme & de la licence fut notre unique asile contre tous les coups des ennemis de notre bonheur. Nos plus chers intérêts sont liés à la fidélité que nous allons jurer à cette Constitution protectrice de notre Liberté. Quelle raison plus puissante pouvons-nous avoir pour y rester invariablement attachés ? C'est donc autant par le désir d'assurer notre bonheur que pour faire notre devoir que nous remplirons nos sermens, & ces deux motifs qui se fortifient l'un l'autre ne feront que rendre plus indissolubles les liens qui nous y attachent ; nous aimerons notre Constitution autant que la haïssent les partisans de toutes les factions qui voudraient élever, sur ses ruines, leur abominable empire. Telle est notre inébranlable résolution.

Eternels conspirateurs qui, par vos déclamations mensongères sur le Gouvernement qui nous protége contre vos perfides manœuvres, & par vos larmes hypocrites en faveur de la royauté, cherchez à diminuer la haîne que nous jurons à votre infâme idole, détruisez donc les motifs que nous avons de la haïr, ou cessez d'espérer aucun succès de vos ridicules entreprises. Eh, comment pourriez-vous les détruire ces justes motifs, lors qu'elle même se plaît chaque jour à y en ajouter de nouveaux; lorsque sa rage impatiente n'attend pas qu'elle puisse s'exercer impunément pour se manifester dans toute son horreur? Tandis que vous la prônez dans vos prédications séditieuses, vos voix sont couvertes par ses rugissemens & par les cris lamentables des victimes qu'elle déchire. Toute la France ne l'a t-elle pas entendue cette infâme proclamation du tyran de Naples, qui dévoue à la mort ceux de nos malheureux guerriers qui étaient restés malades dans les hôpitaux de Rome. Ce cri du tigre & les gémissemens douloureux de nos frères qu'il a dévorés, n'ont-ils pas retenti jusqu'au fond de nos cœurs?

Le lâche, il lui fallait du sang; il ne pouvait s'abreuver de celui de nos défenseurs qui avaient les armes à la main, il a bu celui de ceux que leurs blessures mettaient hors d'état de se défendre! Le monstre! Il a eu la barbarie d'égorger ceux que le hasard des combats avait fait tomber dans ses mains cruelles; il a brûlé nos malades sur la paille où ils étaient couchés: . . . & il y aurait un Français qui ne se joindrait pas aux quatre mille braves qui accompagnaient Macdonald, lorsqu'il se vit cerné par trente-deux mille Napolitains, pour répéter avec eux ce cri terrible: *mort aux tyrans & à leurs esclaves! Les Français périront plutôt que de composer avec de pareils monstres.* Ah s'il pouvait y avoir des hommes dont le cœur desséché par l'égoïsme fut incapable de concevoir toute l'horreur que des actes aussi féroces doivent inspirer contre la royauté qui s'en est rendue coupable, qu'ils cèdent du moins à la considération de leurs propres dangers.

Vous restez attachés à la royauté, leur dirions-nous, mais vous ne savez donc pas à quels malheurs cet attachement vous expose? Vous ne savez donc pas que les rois ne peuvent espérer aucun succès contre notre liberté que par le secours de l'anarchie. Voyez avec quelle opiniâtre conftance ils cherchent à l'introduire de nouveau parmi nous, pour nous divifer & pour nous affaiblir, & tremblez fur l'accompliffement de vos vœux criminels. Vous craignez le retour de l'anarchie, comment fe fait-il donc que vous faffiez tout ce qu'il faut pour le faciliter ? Car c'eft en vous appitoyant fans ceffe fur la jufte punition d'un roi parjure, c'eft en affoibliffant par vos calomnies féditieufes le Gouvernement Républicain, & en vous oppofant aux inftitutions qui doivent affurer fa puiffance, que vous relevez les forces abbatues du monftre que vous redoutez ; ce font vos réfiftances imprudentes qui rallumeront l'incendie qui doit vous confumer. Vous craignez pour vos propriétés, & quoique ce foit la Conftitution feule qui vous les garantiffe, vous vous réuniffez contre-elle avec ceux qui les dévorent déjà par la penfée ! Voyez comme ils fe réjouiffent de tous vos efforts ; tous les coups que vous portez au Gouvernement affurent leurs fuccès ; votre oppofition fait toute leur force, & fi vous aviez le malheur de réuffir dans vos projets infenfés leur triomphe ferait certain.

Quel ne ferait pas alors votre fort, malheureux qui ne fongez qu'à vos feuls intérêts ? Lorfque vous vous verriez encore une fois dépouillés de tous vos biens, incarcérés, proscrits, assassinés, quels regrets n'auriez-vous pas d'avoir contribué vous-même à vos propres malheurs? Eh bien, faites donc à présent ce que vous voudriez alors avoir fait; haïssez la royauté comme nous haïssons l'anarchie, & réunis tous dans ces communs sentimens, nous n'aurons plus rien à redouter des efforts d'aucune faction.

Que l'exemple du passé vous serve de leçon pour l'avenir; si Louis n'eut pas été un parjure, Robespierre n'aurait pas été le tyran de notre patrie. Si vous vous attachez sincèrement à la République, l'intrigue qui, par votre faute, marche aujourd'hui le front levé, sera forcée de se cacher dans l'ombre, les hommes corrompus qui se prévalent de votre mauvaise volonté pour usurper la confiance du peuple & du Gouvernement, auront perdu les titres que leur fournissait votre opiniâtreté; la probité restera seule en crédit, & la paix dans l'intérieur s'établira sur des bases inébranlables. Si vous persistez au contraire dans votre folle résistance, si l'anarchie royaliste continue, par votre moyen, à entraver la marche des lois, soyez surs que l'anarchie démagogique finira par reprendre son empire. Malheureux qui vous êtes abandonnés jusqu'à présent aux conseils perfides de vos plus cruels ennemis, réfléchissez donc enfin sur vos véritables intérêts ; par quel inconcevable aveuglement vous laissez-vous toujour conduire par le mauvais génie qui vous entraîne à votre perte ? La plus grande partie d'entre vous a voulu, comme nous, être libre ; lorsque nous eumes renversé la Bastille, vous avez, comme nous, prêté sur ses ruines le serment à la Liberté; pourquoi, comme nous aussi, n'y êtes-vous pas restés fidèles ? Vous accusez la Révolution des maux que vous avez soufferts, & c'est sur cette injuste prévention que sont fondés vos ressentimens contr'elle. Reconnaissez au contraire que ce sont vos parjures seuls qui les ont causés, & tremblez à la vue de ceux bien plus grands encore qu'ils vous préparent si vous y persévérez ; ces vérités, nous en sommes bien convaincus, suffiront pour vous ramener à l'exécution de vos premiers sermens, surtout si vous réfléchissez sur la folie de votre résistance & sur l'impossibilité de faire jamais faire à la Révolution un pas rétrograde.

Le peuple Français a reconnu que c'était avec le Gouvernement Républicain seul qu'il pouvait remplir le serment solemnel qu'il avait fait à la Liberté, & il a créé la République.

Voulez-vous être plus ſage que lui, & lui redonner, malgré lui, un Gouvernement qu'il a proſcrit pour jamais ? Pouvez vous douter de l'invariabilité de ſa réſolution ? Et quelles preuves vous faut-il donc ſi les prodiges innombrables que l'amour de la liberté lui a fait opérer ne vous ſuffiſent pas ? Penſez-vous que la grande Nation conſente jamais à deſcendre du haut point de gloire où elle s'eſt élevée par ſes combats contre la tyrannie ? Pouvez-vous eſpérer que les braves qui ont prodigué tout leur ſang pour aſſurer ſon indépendance pourront perdre le ſentiment de leur propre gloire, & qu'ils conſentiront à ramper en eſclaves aux pieds des eſclaves des rois ? . . . Ah ! ſi jamais ils voyaient leur Patrie ſur le point d'être opprimée, s'ils étaient menacés de ſe voir arracher le prix de tous leurs travaux. . . . Malheur à ceux dont les perfidies auraient creuſé l'abîme, ils y feraient eux mêmes précipités, & en tombant ils verraient les Républicains, débarraſſés des traîtres, marcher avec plus de confiance que jamais à de nouveaux triomphes.

Et vous, amis ſincères de la Patrie, tenez-vous ſur vos gardes ; l'intrigue ne ceſſe de vous tendre des piéges ; elle cherche à faire tourner à ſon profit votre amour jaloux pour la Liberté ;

elle vous environne de méfiances & de soupçons, pour se présenter à vous comme votre unique réfuge. Elle s'arme contre vous de vos propres vertus, & c'est avec votre ardent patriotisme même qu'elle forge les traits qu'elle destine contre votre patrie ; elle fait jouer tous ses ressorts pour vous entraîner dans des mesures violatrices de vos sermens, & pour détruire par vos propres mains l'édifice de notre Liberté. Ah ! fermez vos oreilles aux suggestions meurtrières de ces hommes qui n'ont d'autre Patrie que leurs intérêts ou leurs passions, de ces semeurs de discordes qui ne veulent tout diviser que pour tout envahir. Il vous sera facile de les reconnaître. Comparez leur conduite avec le serment qui nous lie à la République, & si leurs discours & surtout leurs actions ne vous prouvent pas qu'ils haïssent également la royauté & l'anarchie, & qu'ils sont fidèlement attachés à la Constitution de l'an 3, fuyez : les traîtres, en vous caressant, ne cherchent qu'à vous attirer dans leurs complots, & si vous aviez le malheur de vous laisser séduire, vous deviendriez, sans le vouloir, les instrumens de leurs parricides.

Nous n'avons tous qu'un seul moyen de rendre vains tous les efforts des factions qui nous tourmentent, c'eſt notre fidélité inviolable à nos ſermens. Tant que nous ſerons couverts de cette égide nous n'aurons rien à craindre ; elle ſera pour tous nos ennemis la tête de Méduſe, & ſon ſeul aſpect les rendra immobiles ; mais ſi nous dépoſons un ſeul inſtant ce bouclier tutélaire, nous deviendrons infailliblement leur proie.

Fonctionnaires publics, Magiſtrats du peuple, c'eſt à vous à lui faire connaître les dangers auxquels l'expoſerait la violation de ſes ſermens ; c'eſt à vous à lui apprendre que la première des vertus ſociales eſt la bonne foi, & que le plus grand des crimes eſt le parjure. Rappellez lui ſans ceſſe que tous les maux dont il a été la victime n'ont été cauſés que par le parjure du dernier de ſes rois ; dites-lui que c'eſt encore par leur parjures & par la violation des traités les plus ſaints que des rois viennent de rappeler encore une fois ſur la terre le démon de la guerre. Racontez-lui toutes les horreurs par leſquelles ces monſtres ont déjà manifeſté la rage qui les dévore ; montrez-lui les cadavres de nos frères égorgés par leurs ordres, ſur les lits où la maladie les retenait ſans défenſe ; faites-lui entendre leurs gémiſſemens, &

les cris de vengeance qui ont précédé leurs derniers soupirs.

En même tems que vous lui inspirerez la haîne de la royauté dévoilez-lui les ruses de l'anarchie ; dites-lui qu'elle est aussi l'ennemie de son bonheur & de sa liberté ; signalez lui les vils flatteurs qui le trompent pour l'entraîner à sa perte. Dépouillez les du manteau dont ils se couvrent, faites tomber leurs masques à ses yeux & qu'il voye à découvert sur leurs figures hideuses la méchanceté, l'ambition, la cupidité, & toutes les passions qui rongent leurs cœurs corrompus. Dites lui qu'il ne peut y avoir pour lui de véritable félicité que dans son attachement à la République & à la Constitution, & que tout ce qui tend à l'en écarter mérite toute sa haîne.

Instruisez-le encore plus par votre conduite que par vos conseils, en lui donnant l'exemple du courage avec lequel il faut combattre toutes les factions qui s'opposent à son bonheur. Vous serez perpétuellement en but à leurs traits, vous devez vous y attendre ; elles parviendront peut-être même à indisposer contre vous ce même peuple pour lequel vous vous dévouerez à leurs coups ; mais ne ralentissez pas pour cela vos efforts ; quelque puisse être pour vous le succès du combat, il sera toujours utile à la République & votre devoir eſt de le ſoutenir juſqu'à la mort. Vos ſermens vous y obligent, & ce ſerait être parjures que de donner le moindre relâche aux ennemis de la République. Imitez les généreux défenſeurs de notre Patrie, ce n'eſt qu'à force de conſtance & de travail qu'ils ſont venus à bout de la faire triompher des efforts de tous les rois de l'Europe. Quelque puiſſe être votre poſition ils ſe ſont certainement trouvées dans des ſituations bien plus difficiles, & cependant avec quel ſuccès n'en ſont-ils pas ſortis? Comme ils ont dignement rempli leur tâche! Celle qui vous eſt confiée n'eſt pas moins importante; ils avaient à aſſurer l'indépendance & la gloire de leur Patrie, & vous, vous avez à aſſurer ſon bonheur. Suivez les grands exemples qu'ils vous ont donnés, & bientôt la plus glorieuſe des Nations ſera auſſi la plus fortunée. Tel doit être l'effet de la fidélité avec laquelle vous remplirez les obligations que vos ſermens vous impoſent.

Citoyens, nous n'avons tous qu'un ſeul but, celui de contribuer de tout notre pouvoir à la proſpérité de la République. Le ſerment que nous allons prêter nous offre les ſeuls moyens que nous puiſſions employer pour atteindre ce but de tous nos vœux; nous nous réunirons donc tous dans la ferme résolution de mourir plutôt que d'être parjures. Quelques ruses que la royauté & l'anarchie puissent mettre en usage pour nous surprendre, elles ne parviendront jamais à assoupir la haîne que nous leur jurons, ni a diminuer l'ardeur de nôtre attachement pour notre sainte Constitution.

Nous vous en prenons à témoins, ombres immortelles qui assistez sans doute à cette fête ; car quels lieux peuvent vous être plus agréables que ceux où des hommes libres jurent, à votre exemple, une haîne éternelle aux oppresseurs du genre humain ! Brutus, Guillaume Tell, Sidney, Jean-Jacques Rousseau, & vous tous vengeurs des peuples outragés par la tyrannie, vous avez vu avec quelle fidélité le peuple Français a rempli jusqu'à présent ses sermens. Vous marchiez à la tête de nos invincibles armées lorsqu'elles foudroyaient cette coalition monstrueuse des rois qui s'étaient réunis pour vous remettre dans les fers ; vous étiez dans la tribune nationale à côté des Vergniaud, des Guadet & des Condorcet, lorsque leur voix énergique avertissait le peuple sur les piéges que lui tendait la tyrannie, & qu'elle l'appelait à la défense de ses droits ; c'est vous qui leur avez inspiré le généreux dévouement avec lequel ils ont ſu affronter & la fureur des rois & la rage des fougueux démagogues ſous leſquels ils ont enfin ſuccombé. Vous avez admiré le courage qui leur a fait préférer à la honte de courber la tête ſous le joug des vils ſcélérats que l'irreflexion du peuple avait élevés ſur le trône, une mort qui pouvait lui être auſſi utile que l'avait été leur vie, puiſqu'elle devait lui apprendre que l'anarchie n'était pas moins à craindre pour lui que la royauté. Vous avez applaudi & à l'énergie vraiment ſublime avec laquelle la nation embraſée de leur ardent patriotiſme s'eſt levée toute entière pour repouſſer la tyrannie, & à la conſtance héroïque qui lui a fait ſupporter tous les maux de la guerre & tous les tourmens de la famine plutôt que de tendre les bras aux chaînes que lui préſentaient les protecteurs de ſes anciens tyrans. Vos grandes âmes doivent être ſatisfaites d'avoir un peuple entier pour imitateur de vos vertus ; & ſi les ſacrifices innombrables qu'il a faits à la Liberté vous ont prouvé ſon amour pour elle, l'exemple éclatant qu'il a donné à la terre par la punition du dernier de ſes rois vous eſt un ſûr garant de ſa haîne pour les parjures & de la fidélité avec laquelle il conſervera cette Liberté qu'il a juré de défendre juſqu'à la mort.

Grand Dieu ! Dieu créateur de tous les hommes, c'eſt en ta préſence que le peuple Français a proclamé la déclaration de ſes Droits & de ſes Devoirs ; c'eſt en ta préſence auſſi que nous renouvellons le ſerment de ne jamais l'oublier cette déclaration qui eſt la baſe de notre bonheur & de notre Liberté ! La royauté & ſes infâmes partiſans, l'anarchie & ſes vils ſuppôts, nous livrent des combats continuels pour laſſer notre courage, mais ta main puiſſante qui a déjà opéré tant de prodiges en notre faveur nous fera toujours triompher de leurs vains efforts ; car tu ne permettras jamais que l'injuſtice & la ſcélérateſſe l'emportent ſur la plus belle & la plus juſte des cauſes. Nous jurons à ces monſtres une haîne éternelle, & pour nous garantir à jamais de leurs approches, nous jurons de reſter toujours fidélement attachés à la République & à la Conſtitution qui peut ſeule nous aſſurer la jouiſſance des droits que tu nous as donnés. Reçois-en le ſerment que nous dépoſons aujourd'hui ſur cet Autel. Nous plaçons cet acte ſolemnel ſous la ſauve-garde de ton amour jaloux pour la vérité. Que le premier qui ſerait aſſez audacieux pour violer une ſeule de ſes diſpoſitions ſoit à l'inſtant puni de ſon crime ! Qu il tombe écraſé ſous ta foudre vengereſſe ! Qu'il ſoit livré aux furies, & qu'il souffre à lui seul tous les tourmens que par son parjure il attirerait infailliblement sur nous ! Mais plutôt, souverain arbitre de nos destinées, fais qu'il ne se trouve pas parmi nous de parjures ! Tu as voulu que nous fussions libres pour nous rendre parfaitement heureux ; ta volonté s'est manifestée jusqu'à présent par trop de miracles pour que tu veuilles abandonner ton ouvrage. Achève ce que tu as si heureusement commencé. Réunis tous les Français en un seul faisceau par les liens du serment qu'ils prononcent tous à cet instant, ne permets pas qu'aucun de nous rompe jamais ces liens sacrés ; détruis dans nos cœurs toutes les passions qui pourraient nous porter à cet horrible attentat. C'est ainsi que tu accompliras ta volonté sur nous & que tu assureras pour toujours la gloire, la paix, & la prospérité de la République.

Citoyens, élevons tous nos pensées & nos mains vers le Dieu protecteur des hommes libres, & que chacun de nous pénétré de la sainteté des engagemens qu'il va prendre, & bien déterminé à souffrir mille morts plutôt que de les violer, dise dans la sincérité de son cœur :

» Je jure haîne à la royauté & à l'anarchie ;
» je jure attachement & fidélité à la République
» & à la Constitution de l'an 3.

HYMNE

Pour le 21 Janvier,

De la composition du citoyen HAROU, *Administrateur du Département, chantée par l'auteur pendant la Fête.*

Air : *Veillons au salut de l'Empire.*

Que tous ceux dont l'âme flétrie
Regrette la chaîne des Rois,
Pleurent leur idole avilie ;
Les Peuples réprennent leurs droits.
Sur leur front dégradé, que d'un joug ils portent l'empreinte ;
Que leurs noms soient rayés des tables des Républicains francs !
Tes ennemis, Liberté sainte !
Sont des lâches ou des méchants.

Vils déserteurs de notre Gloire,
O honte du beau nom Français !
Votre parricide mémoire
Rappellera tous les forfaits.

Qu'en tous lieux le remords déchire vos cœurs sanguinaires ;
Que vos pas soient suivis & par l'opprobre & par le malheur,
Qu'enfin la mort venge des frères
Qu'assassina votre fureur !

Si, trahissant la foi publique,
L'un de nous faisait désaveu
Du Serment qu'à la République
Il vient de prêter devant Dieu :
Du parjure, par tout, qu'on redoute l'haleine impure,
Délaissé par son père & sa mère & sa femme & ses fils,
Horrible à toute la nature,
Qu'il meure accablé de mépris !

Fiers vengeurs de votre Patrie,
Timoléon, Harmodius,
En voyant fuir la tyrannie,
Consolez le dernier Brutus (1).
Si les lâches Anglais se couvrent le front de poussière,
Pour la mort d'un Tyran, perfide oppresseur de leurs ayeux,
Les Francs fêtent l'anniversaire
De celle d'un traître odieux.

---

(1) Marcus Brutus, l'un des conjurés qui tuèrent J. César, fut le dernier défenseur de la Liberté Romaine. Voyant la tyrannie triompher, il se donna la mort, & dans son désespoir il s'écria : ô vertu tu n'es qu'un nom.

Depuis la brûlante Arabie
Jusques au bords Américains,
Depuis les champs de l'Hybernie (1)
Jusques aux confins des Germains,
Sur les monts Apennins, sur les glaces du Zuider-zée,
Au-delà des rochers, qu'éclaira l'affreux auto-da-fé,
Par la victoire éternisée,
La République a triomphé.

Habitans des plaines de l'Eure,
Magistrats, Guerriers valeureux,
Jusques à notre dernière heure,
Haîne aux Rois, aux Décemvirs affreux!
Transmettons à nos fils cette horreur pour la tyrannie;
Qu'ils l'inspirent aux leurs...... ces derniers à leur postérité.
Ciel! fais que dans notre Patrie
Vive à jamais la Liberté.

---

(1) L'Irlande s'appelait autrefois l'Hybernie. Quoique nous n'ayons pu nous y maintenir, c'est véritablement un triomphe pour la République que sept cents braves qu'elle y a envoyés aient été la terreur des trois Royaumes, & qu'il ait fallu vingt mille Anglais pour les réduire.

VERS

De la composition du citoyen LEHEC, *Administrateur du Département, lus par l'auteur pendant la Fête.*

Le crime triomphait, & la France avilie,
Croupissait dans la honte, & sous la tyrannie.
Le Peuple, en succombant sous le poids des abus,
Revendiquait ses droits.... ils étaient méconnus.
La Cour, ce composé de publiques sangsues,
Assemblage hideux de femmes corrompues,
De Princes sans honneur, sans morale & sans frein,
Se croyait au-dessus de tout le Genre-humain;
Et bravant le Français devenu sa victime,
Trouvoit pour l'accabler, tout excès légitime.
C'était peu que notre or follement dissipé,
Déposât contre un Roi par sa femme trompé;
On osait ajouter à cette ignominie,
Les détours de la haîne & de la perfidie,
Au milieu de la Cour, tramer contre l'état,
Et méditer les plans d'un noir assassinat (1).

(1) Traité de Pilnitz; les premières idées en furent conçues à la Cour de Louis.

Le dirai-je.... au mépris de notre confiance,
Un Monarque abusoit de notre patience,
Et foulant à ses pieds la foi de ses sermens,
Attirait sourdement l'ennemi dans nos champs.
Par tout il envoyait ses lâches émissaires.
Ils inondaient nos camps, & les Cours étrangères.
Par tout ils distillaient leur perfide poison,
Le grand ordre du jour étoit la trahison....
Français, figurez-vous nos vaillantes armées,
Au fer des Autrichiens indignement livrées...
Rappelez-vous ces cris des suppôts des tyrans,
Inventés pour jetter la terreur en nos rangs (1).
Ce n'était point assez.... les noires perfidies
Siégeaient autour du Trône, au fond des Thuileries.
Là, Capet & sa Cour.... ô comble des forfaits!...
Avaient juré la honte & la mort des Français.
Là, dès l'aube du jour, l'ordre affreux du carnage
Est donné contre nous... (2). Peuple vaillant & sage,
Lève-toi... venge-toi... Viens défendre tes droits...
Viens combattre & punir le dernier de tes Rois....
Mais que dis-je... il s'enfuit au sein du Capitole....
Peuple.... quelques momens conserve cette idole;
Mais pour connaître à fond les détours de son cœur....
Tandis qu'à la Tribune il feignoit la douleur,

---

(1) Première bataille sous Tournai, où les Officiers eux-mêmes criaient à leurs troupes: sauve qui peut, nous sommes trahis. Ces cris perfides jettèrent le désordre dans nos rangs & nous firent perdre la bataille. C'était le vœu des traîtres dont abondaient alors nos Armées.

(2) Dix Août.

Le féroce Autrichien, pour lui, bombardoit Lille,
Les cruels Emigrés foudroyaient Thionville,
Les Pruſſiens dévaſtaient les plaines de Châlons,
Et Verdun ſe rendait devant leurs bataillons.
Mais, ô honte des Rois! ... ô ſentiment ſublime! ...
Ce Peuple qu'on trahit, ce Peuple qu'on opprime,
Au ſein de l'eſclavage, ivre de Liberté,
Frappe, écraſe, abolit l'infâme Royauté....
Solemniſons ce jour, où briſant notre chaîne,
Nous marchâmes rivaux de la grandeur Romaine.
Jurons d'exterminer le premier des Français,
Dont l'orgueil oſerait nous traiter en ſujets.
Oui, que la Royauté, que l'affreuſe Anarchie,
Dans la nuit des tombeaux cachent leur infamie!
Que tout Français ſoit libre & franc Républicain!
La Nature le veut.... Toi, Peuple ſouverain,
Reçois notre ſerment auguſte & redoutable.
RÉPUBLIQUE OU LA MORT.... qu'il ſoit inviolable
Ce ſerment ſolemnel.... Ou ſi quelqu'un de nous
Oſait ſe parjurer.... que le Ciel en courroux,
Deſſèche au même inſtant ſa langue menſongère...!
Qu'en butte au déſeſpoir, en horreur à la terre,
Il implore en tous lieux d'inutiles ſecours!
Que las de ſes tourments, fatigué de ſes jours,
Il demande à grands cris, pour grace ſingulière,
Que la foudre, en tombant, termine ſa carrière!
Que ſes vœux ſoient perdus!.... Pour redoubler ſes maux,
Qu'en le voyant, la mort lui ferme ſes tombeaux!
Qu'il vive pour ſouffrir, pour traîner d'âge en âge,
Des châtimens du Ciel l'épouvantable image! ...

Et toi qui me fis libre, & dont le bras puiſſant,
Renverſa par nos mains, le Trône du Tyran,
Achève ton ouvrage, & confonds l'inſolence
De ces Rois conjurés pour aſſervir la France.
Communique, affermis au cœur de nos enfans,
L'horreur que nous avons pour le joug des tyrans:
Que ces fiers ennemis, nés pour tromper les hommes,
Au bruit de nos exploits, apprennent qui nous ſommes.
Des iſles d'Oueſſant, juſqu'aux rives du Rhin,
Et des bords du Texel, juſqu'au mont Appennin,
Réunis les eſprits.... qu'ils ſoient pour la Patrie....
Donne-nous des Brutus & l'âme & le génie.
L'ardeur de nos Guerriers nous place aux premiers rangs,
Par l'éclat des vertus rends nous encor plus grands.
Démontrons à ces rois dont l'orgueil nous outrage,
Que les mœurs ſont pour nous, ainſi que le courage.
Qu'au ſalut de l'Etat ont cédé les partis,
Et que la France enfin n'eſt qu'un Peuple d'amis.

F I N.

A Evreux, de l'Imprimerie de J. J. L. ANCELLE, Imprimeur du Département.

www.ingramcontent.com/pod-product-compliance
Ingram Content Group UK Ltd.
Pitfield, Milton Keynes, MK11 3LW, UK
UKHW021031180726
13838UKWH00004B/1729